MUNDO RIPILICA: ANIMAIS DE A A Z EM INGLÊS

Coordenação de roteiros e produção criativa: Vanessa Fort
Direção de arte: Eduardo Nakamura
Criadores dos personagens, histórias, mundo e animação Mundo Ripilica: Beth Carmona, Bruno Baski, Eduardo Nakamura e Vanessa Fort.

Editor: Luiz Vasconcelos
Gerente editorial: Letícia Teófilo
Elaboração de conteúdo: Érica Borges Correa, Fernanda Felix e Gabrielly Saraiva
Revisão: Equipe Novo Século
Capa e diagramação: Nine Editorial

Texto de acordo com as normas do Novo Acordo Ortográfico da Língua Portuguesa (1990), em vigor desde 1º de janeiro de 2009.

Dados Internacionais de Catalogação na Publicação (CIP)
Angélica Ilacqua CRB-8/7057

Mundo Ripilica : animais em inglês / equipe Novo Século. -- Barueri, SP : Novo Século Editora, 2023.
24 p. : il., color.

ISBN 978-65-5561-686-6

1. Passatempos - Literatura infantil 2. Brincadeiras I. Equipe Novo Século

23-0936 CDD 793.7

Índice para catálogo sistemático:
1. Passatempos 793.7

Uma marca do Grupo Novo Século

Alameda Araguaia, 2190 - Bloco A - 11o andar - Conjunto 1111
cep 06455-000 - Alphaville Industrial, Barueri - sp - Brasil
Tel.: (11) 3699-7107 | Fax: (11) 3699-7323
www.gruponovoseculo.com.br | atendimento@gruponovoseculo.com.br

DONNA CHEGOU DA ESCOLA EMPOLGADA, PORQUE ESTÁ APRENDENDO OS NOMES DOS ANIMAIS EM INGLÊS. ELA E SUA AMIGA LILICA TIVERAM A IDEIA DE CAMINHAR PELA FLORESTA E ENCONTRAR NOMES DE ANIMAIS PARA CADA LETRA DO ALFABETO. ELAS NÃO CONSEGUIRAM ENCONTRAR ALGUNS ANIMAIZINHOS, COMO OS QUE VIVEM NO MAR, MAS A LILICA LEMBROU OS NOMES DELES!

VAMOS CAMINHAR COM ELAS E APRENDER ESSES NOMES?

a

ANT

FORMIGA

b

BEE
ABELHA

BEAR
URSO

BIRD
PÁSSARO

C

CAT
GATO

CAMEL
CAMELO

d

DOG
CACHORRO

DUCK
PATO

DOLPHIN
GOLFINHO

e

ELEPHANT
ELEFANTE

EAGLE
ÁGUIA

F

FOX
RAPOSA

FROG
SAPO

G

GIRAFFE

GIRAFA

GOAT

CABRA

h

HIPPOPOTAMUS
HIPOPÓTAMO

I

IGUANA
IGUANA

J

JELLYFISH

ÁGUA-VIVA

K

KOALA

COALA

L

LION
LEÃO

LIZARD
LAGARTO

m

MONKEY

MACACO

MOUSE

RATO

n

NARWHAL

NARVAL

o

OWL

CORUJA

OCTOPUS

POLVO

P

PENGUIN
PINGUIM

PARROT
PAPAGAIO

Q

QUAIL
CODORNA

R

RACCOON

GUAXINIM

RAVEN

CORVO

S

SLOTH
BICHO-PREGUIÇA

SNAKE
COBRA

SHARK
TUBARÃO

T

TIGER
TIGRE

TURTLE
TARTARUGA

U

URCHIN
OURIÇO

UNICORN
UNICÓRNIO

V

VULTURE
URUBU

W

WHALE
BALEIA

WOLF
LOBO

X

XERUS

ESQUILO TERRÍCOLA AFRICANO

Y

YAK

IAQUE

Z

ZEBRA

ZEBRA

Compartilhando propósitos e conectando pessoas
Visite nosso site e fique por dentro dos nossos lançamentos:
www.gruponovoseculo.com.br

Edição: 1ª

gruponovoseculo
.com.br